Poetry Mashup

BOOKS on DEMAND

Meiner Mama gewidmet.

Sarah Maria Nordt

Poetry Mashup

Bibliografische Information der Deutschen Nationalbibliothek:
Die Deutsche Nationalbibliothek verzeichnet diese Publikation in der Deutschen Nationalbibliografie; detaillierte bibliografische Daten sind im Internet über http://dnb.dnb.de abrufbar.

Illustration: **Sarah Maria Nordt**

Herstellung und Verlag: BoD – Books on Demand, Norderstedt

ISBN: 978-3-7357-6116-3

Inhalt

Sterne leuchten durch die Fusion von Wasserstoff zu Helium. Bin ich ein Stern, bist du mein Wasserstoff.

Superman

Eines Tages

Es machte BAM

Und in deinem Zimmer stand Superman

„Steh auf",

sagte er

„Steh auf. Komm zu mir her

Und gib mir die Hand

Nimm Anlauf, spring über den
Balkongeländer- Rand

Breite die Arme aus und flieg

Steig höher, bis dahin, wo dich keiner mehr
sieht

Und dann lässt du dich fallen

Und während unten schon der Notarzt
wartet, auf deine Körperteile, die auf den
Asphaltboden knallen

Machst du den Turn

Steuerst Nord- Süd, West- Ost, Ost- West,
West- Nord, Nord- Ost

Fliegst fort, egal an welchen Ort, wohin

Und wenn du dort landest, wo Antoine von
nebenan und Cindy aus Marzahn zusammen
U- Bahn fahren

Ist das auch nicht weiter schlimm."

„Aber ich möchte, nein, ich kann nicht weg
von hier, Herr Superman.

Hab mein Leben zu regeln und weiteres
denn, ähm,

ich stehe fest im Status Quo

sag >Toilette< anstelle von >Klo<

plädiere für gute Etikette und so

weiter

bin nie bereiter als >unbereit< für
irgendwelche Kapriolen

werde mir auch nie einen Strafzettel holen,

denn ich parke aus Prinzip nicht im
Parkverbot

und meinem ausgeprägten Verstand sei Lob,

werde ich auch nicht über das Balkon-Geländer fliegen

denn was, wenn das meine Nachbarn zu sehen kriegen?

Was würden die dann wohl von mir denken?

Nein danke, Herr Superman. Diesen ´Adventure trip´, wie man so sagt, kann ich mir schenken."

Sagst du

Denn du bist nicht rechts, nicht links

Sagst nicht: „Honigkuchen duftet und Hundescheiße stinkt."

Sondern meinst zu allem: „ah, interessant."

Hast alles Mögliche analysiert und erkannt, nur dein Problem nicht

Hast keine Meinung, es bewegt dich,

der Mainstream elegant

unauffallend unerkannt

sprichst du am Telefon mit alten Freunden
über die Pros und Cons der Jetzt- Ja- Nein-
Doch- Nicht- Euro- Rettungsrebellion

aber deine hämen Pläne

sind seit Jahren nur träge

Wortbubbles

Du sabbelst Wortgeschwabbel

Und bist zu verkleckert um aufzustehen

Bist zu verheddert um Neues anzugehen

Du driftest auf dem Middle- Way,

Doch Superman sagt:

„Hey! Steh auf!

Nimm dein Leben an die Hand

Pack die Phrasen in den Schrank

Mach das Fenster auf und schrei

Einfach so

Und es ist dir einerlei,

was die Nachbarn denken.

Hast keine Zeit, dich mit dem Durchschnitt abzulenken

Lenke lieber selbst.

Und selbst wenn du nach 79,36 Jahren, 3 651 Rollen Klopapier, 65,1 l Tränen, 700 000 Autokilometern, 926 Hühnern und 4 Millionen Wörtern- im Durchschnitt

In deinem Leben sagen kannst, dass du auch nur eins davon wirklich ernst gemeint hast

Bist du den meisten weit voraus

Und über den Mainstream wirst du nie kommen hinaus,

wenn du nur da sitzt

denkst, was alle denken

sagst, was alle sagen

und selbst Larifari- Pläne möglichst unkonkret hältst,

nur um es allen recht zu machen.

Mensch, steh auf, fang endlich an zu lachen

Über dich

Hau auf den Tisch

Und rülps

Kleb nicht an Konventionen, denn was hilft

Dir der ganze Kram

Schau dir nicht den Mainstream an

Und wenn du nicht über das Balkongeländer fliegen willst, dann geh eben deinen Weg!

Aber geh

Geh Nord- Süd, West- Ost, Ost- West, West- Nord, Nord- Ost

Geh fort, egal an welchen Ort, wohin

Und wo du landest, ist nicht weiter schlimm

Hauptsache, du lenkst selber

Und Nord- Süd- West- Ost ist am Ende straight." Und dann machet es wieder BAM, und weg war er:

Superman.

Rhythm of my life

<3 <3 - <3 <3 - <3 <3

„This is the rhythm of the night, my life, oh yeah.

<3 <3

This is the rhythm of my life, my life right now."

>Old school is back. Meine Oma hört Vinyl.<

Postest du auf deinem Szene- Block

Dein Hals, gereizt vom Großstadtsmog *ehem*

Sehnt sich nach Ingwerpastillen aus deinem Jutebeutel

„K.I.Z setzt sich ein für Gleichberechtigung? Das ist mir neu, denn

Urlaub fürs Gehirn, im Prinzip schon ganz cool,

doch dieses Ghettostylegehabe, das find ich ziemlich schwul", weil du ja so krass hetero bist,

wenn du an deinem Latte mit Sojamilch nippst

und auf deinem iPhone dein Tagebuch tippst: „ich trage diesen Mantel aus tausend recycelten Nerzen, weil genau der, meinen Charakter trifft."

dank Yoga, fühlst du inzwischen jeden Schlag deines Herzens

und da sitzt du nun, ganz creative- retro, langsam nervt- es

darum baust an deinem Mac, du kleiner Hipster

dir jetzt ´nen neuen Beat, ja,

du fühlst dich wie ein It- Star

träumst schon von ´nem Hit, aa-

-aber in dir,

da ist es in Wahrheit so leer,

und der einzige Beat, der dich treibt, das ist der:

<3 <3 - *heartbeat* - <3 <3

Du suchst den Beat deines Lebens?!

Ja Pech, dann find ihn doch,

doch wenn du ´n Ziel suchst, dann hilft dir kein Mac,

da brauchst du deinen Kopf

und zwischen all den angepassten Krassen, da frage ich mich oft:

Gibt es noch Idealisten, deren Ideal

Mehr ist als ein lames Motto, wie: „legal, illegal, ist mir egal, dann kauf ich mir halt ein IKEA- Regal."

Wo sind die Leute, deren Kleidung nicht die Persönlichkeit unterstreicht, sondern die Charakter zeigen

Wo sind die Leute, die nicht Geschichten lesen, sondern Geschichte schreiben

auch wenn es nichts mehr zu gewinnen gibt, noch aufrichtig bleiben?!

Und wo sind eigentlich, unsere Dichter

und unsere Denker?!

Wo sind die Widerständler, die Lenker und die Kämpfer?!

Wo sind die Leute mit ´ner eigenen Meinung,

lieg ich da falsch oder kann es wirklich sein, nun

auf Twitter, da bist du leider nur Follower

dein Gedankenimpuls bricht nicht mal die Schallmauer.

In der Feedback- Runde werden Statements gelobt

„Die Zukunft ist eine Reise"

Doch wer nicht steuert, ist nicht der Käpt´n, weisste

Sondern wie ein Beinamputierter im Tretboot.

Wir wissen oft selber nicht, woher unser Billig- T- Shirt kommt

Und was wir für die Umwelt tun, ist meist auch nicht mehr als ein recycelter Milchkarton

„Engagement" ist so ein Wort, das wir zwar jeden Tag verwenden,

Aber wenn es darauf ankommt, dann beginnen wir zu fremdeln.

Ich seh mir selber zu, wie ich manchmal unfair bin

Und dann steh ich abends vor dem Spiegel, und find das selber schlimm

Ich nehm mir schon immer vor, jeden Tag ein bisschen mehr mit Leidenschaft,

gegen irgendetwas vorzugehen, das anderen Leuten Leiden schafft

und unter Ja- Sagern, kann ich der erste sein, der Nein! sagt

Nein!, ich kann der erste sein, der das fragt,

was du nicht hören willst, weil es an deinem Gewissen nagt

Einer sein, der kritisiert, nicht um schlechte Laune zu verbreiten, sondern anderen Leuten, ihre Perspektiven zu erweitern

Einer sein, der nicht an Paragraphen und Rechten klebt,

sondern für andere seine Rechte erhebt

und ihnen sagt:

Du suchst den Beat deines Lebens?!

Ja Pech, dann find ihn doch,

doch wenn du ´n Ziel suchst, dann hilft dir kein Mac,

da brauchst du deinen Kopf

und zwischen all den angepassten Krassen, da frage ich mich oft:

Wo sind eigentlich, unsere Dichter

und unsere Denker?!

Wo sind die Widerständler, die Lenker und die Kämpfer?!

RISE UP YOUR VOICE, AGAINST THE RHYTHM OF THE NOISE! <3 <3

Denn wenn du nicht denkst,

wird dein Geist zum Gespenst

und du bist dir selbst der Henker

    <3 <3 - - <3 <3 - <3 - - <3 - - -
biiiiep

Keine Mädchenpoesie

Sonnenuntergang in der Stadt

Und die ersten Neonlichter leuchten matt
durch die Schaufensterscheiben

Und ich träume,

dass die Träume von gestern das Heute
entscheiden

Denn wer nicht in den Himmel schaut, sieht
keine Sternschnuppen

Und wer keine Sternschnuppen sieht, kann
sich nichts wünschen

Und ich, ich wünsche mir nicht das Lachen
der Menschen, den salzigen Atem der
Gischt überm Meer

Ich wünsche mir nur, ich stände jetzt vor-

IKEA

IKEA Hotdog

Hm.

IKEA HOTDOG!

supergeil.

Hahaa

Hat von euch jemand mein Hotdog gesehen?

Ihr habt wohl gedacht, jetzt kommt hier Mädchenpoesie.

Ihr habt wohl gedacht, ich würd emotionale Lyrik kotzen,

doch darauf hab ich keine Lust, da liegt ihr falsch,

ihr Fotzen!

„Keine Mädchenpoesie"

    oder

„Wir passen so gut zusammen- wie Barbie und Ken." – „Joa, also ich finde, was bei uns jetzt am ehesten zusammenpasst; ist, meine Fist, in dein Auge. digga."

From the spoken words- to the broken heart.

Eure Gefühle, Liebe, Herzschmerzen nerven mich hart

Ihr seht auf Bahnhofstoiletten noch Ästhetik und so

Erzählt Geschichten, als wär die Bühne euer Seelenklo

Ihr sprecht von Mädchenpoesie und der Schönheit im Detail

Doch von der Schönheit -eines Staubkorns- werd ich eher gelangweilt

´Back to reality´ statt idealistischer Kacke

Die Welt ist doch sowieso nicht so, wie man sich das mal dachte.

Wir brauchen Aussagen, Statements einer festen Meinung

Statt der `Darstellung eines belanglosen Sachverhalts` in metaphorischer Beschreibung

Ich will wissen, woher der Wind weht.

Warum zufrieden sein mit wenig, wenn auch mehr geht:

Gib mir nicht High Five, gib mir High Ten

Keine halben Sachen denn

Ich bin nicht 50cent,

mindestens 1 Euro wert;

kommt drauf an für was;

dass ich dich mal auslach, das ist sogar gratis.

Denn du träumst vielleicht von

Kindern, Haus, Hund und nem Gartenzaun

- das Haus brennt ab, der Hund kackt dir in die Schuhe und deine Kinder sagen: „Alder, schwör."

Und dann streichst du deinen Gartenzaun, alle zwei Wochen neu, bis der Lack abplatzt

Und so sitzt du da und worüber du noch lachst ist:

„Naja, 5 von 10 ist gar nicht mal so schlecht. Weil 5 liegt ja schon überm Mittelmaß, wenn man 0 mitzählt."

Und da liegst du falsch,

weil halbverdaut ist auch schon nicht mehr lecker.

Und so bist du nicht mal halbstark,

liegst du halbwach im Halbschlaf,

doch das kannst du besser.

Denn wenn du immer alles gibst, dann hast du auch nichts zu verlieren.

und du sagst, was du meinst, kann eigentlich nichts mehr passieren.

Darum gib mir nicht High Five, gib mir High Ten

Keine halben Sachen denn

Wer Kontraste sieht, ist zumindest aus der Grauzone

Wenn du nicht weißt, wohin, sei deine eigene Ikone

Denn selbst Burger King, trägt auf seinem Kopf ne Krone

Aber wenn du selbst vom Doppelwhopper kotzen musst

Weil dein Magen kennt halt eben nur die low-carb- Kost

Da kann ich dir nur raten, dass wer nicht mal halbstark ist, der sollte solange Hotdogs essen und Hanteln heben

Und wer außer Metaphern nichts zu sagen hat, der sollte handeln und mich nicht zureden mit:

„Und wenn du für 1€ ein IKEA- Hotdog isst, hast du dann eigentlich kein schlechtes Moralgewissen? Dass süße kleine Schweine sterben, mit jedem Stück, das abgebissen?"

Da kann ich dich beruhigen, weil ich da ziemlich kess bin

und in IKEA- Hotdogs,

sind auch sicher keine Schweine, sondern Pferde, und die mag ich eh nicht, weil ich bin nämlich keine Prinzessin.-

Ich bin der Käptn, der mit dem Kompass auf der Planke steht

Warum zufrieden sein mit wenig, wenn auch mehr geht

Weil, halbverdaut ist auch schon nicht mehr lecker

Kick die 50- 50- Chance

Das könnt ihr doch viel besser

und das will ich sehn,

denn wenn ihr, keine halben Sachen wollt, dann gebt ihr mir jetzt

10!

Die Party geht ab

Die Party geht ab.

Alle sind betrunken, liegen flach

nur du, du bist als einziger noch wach.

- Vor dir: im Knicklichter- Schimmer

4 Ecken: ein Zimmer

Stehst auf, rechtes Bein: ein Schritt vor

Konfetti rieselt aus deinem Ohr auf die Welt
unter dir

Tanzten eben noch hier

Sahneschnitten- Jäger und Party- Meister,

liegen jetzt nur noch ein paar Kadaver
zwischen leeren Flaschen Jägermeister.

Steigst über die Skyline aus schäumenden
Champagner- Avenues und Districts aus
Bierkistenbänken

Tritts aus Versehen in einen der Whiskey-
Tequila- Bowle- Seen,

in denen, um dich zu kränken,

dein Ex und deine Exstiefschwester dein
iPhone ertränkten

egal, denn es schmerzt sehr zu denken,

wenn sich deine Füße zwischen lippenstift-
roten Kippenstummeln und Cognacflaschen-
Scherben verrenken

Steigst über die Skyline. Dein hilfloses
Eigenheim geflutet von Tetristürmen aus
Chipsdosendeckeln, verkotzten Möbeln und
Glückskekszetteln

„Und was auf meinem stand, das weiß ich
noch genau. Hey, Sarah: deine Mudda-
hasst den HSV.“

Und es kommt der Punkt, an dem du
verstehst,

wenn du kotzen musst und sich langsam die
Ethanol- Käsehappen- Mentos- Mischung
deine Speiseröhre hochbewegt,

dass, wenn dann so ein Typ mit
Luftschlangen in den Haaren und zwei
Campari- Flaschen in den Nasenlöchern
zwischen dir und der Klotür steht,

manch einer:

ALDER, MOVE YOU ASS! DEINE MUDDA, KANN JA NOCH NICHT MAL DAS ALPHABET!

Und du kickst ihn zur Seite, denn dir geht's nicht so ´yo´.

Schmeißt dich vors Klo hin, mann, dir fehlt echt der `Flow.

Du denkst, nichts geht mehr, dein Party-mood is low

Und als du ganz verzweifelt bist, da kommt es dir so vor:

Denn *schnalz- oh my God*

mit einem deiner Käsehappen hinterm Ohr,

erhebt sich, das Klomonster aus dem Klo vor dir empor

-

„Auch wenn es nicht so scheint,

sind die Menschen doch durch mehr als die Zeit vereint

sie sind auf der Suche nach dem Schönen, dem Wahren, dem Guten, sind auf der Suche nach der Poesie,

doch sie suchen an Orten, da finden sie nie

was sie sich Ersehnen.

Ne, ehrlich, will dich nicht bis zum Gähnen
mit meinem Kram hier zureden,

denn es geht nicht um Versmaß, um
Lyrikgetrashe

What the fuck: wer braucht schon Wolfgang
Goethe, Hermann Hesse?

Und zu behaupten, alleine der Blankvers

brächte nur Blankes, das scheint mir pervers.

Ich muss zwar sagen, dass mir es häufiger
passiert,

dass man die Poesie des Blankverses bis in
sein Herzinneres spürt.

Ja selbst bei Günter Grass,

wein ich mir manchmal vor Rührung
Taschentücher nass,

doch darum geht es nicht.

es geht darum, dass die Poesie deine Schranken des Alltags bricht,

dass du, wenn du auch noch so verzweifelt bist,

nicht stehen bleibst und keine Tränen wischst,

sondern festhältst: „Manchmal ist es besser, man siehst sein Leben als Gedicht.

Mal reimt es sich, und dann wieder nicht."

Ist oft die Frage, des Winkels, durch den auf was blickst

Ob du ´nen Off-Beat gibst, dein Herz im Versmaß tickt

Ob du im Freestyle- Style alle Reimschemen kickst

Und du, wenn es dir scheiße geht, einfach ´ne neue Strophe tippst

Oder wartest, bis dich irgendwann ein Zeilensprung zerdrückt

Denn du bist der Dichter deines Lebens, hast den Griffel in der Hand

Schreibst deine eigene Ballade, ob bekifft am Taxistand

Setzt auf dein Herz, und nicht auf deine Fassade

Hörst auf den Verstand

Und malst dir trotzdem manchmal mit Erdbeermarmelade einen Sonnenbrand

Denn du bist der Dichter deines Lebens, hast den Griffel in der Hand

Und Sarah, wenn du noch nicht wieder laufen kannst, dann stütz dich an der Wand.

Wisch die Kotze auf,

bring die Pfandflaschen raus

zieh die Rollläden hoch und dann die Fenster alle auf

Draußen scheint schon die Sonne, also schlechte Laune aus

Kick den Dreck zur Seite und setzt dir ´nen Kaffe auf.

Und du scheinst zu überlegen,

I swear, ich werde dir belegen,

dass mit Poesie, da kannst du in deinem Wohnzimmer selbst die Partyleichen wiederbeleben

Und jetzt, Kopf hoch, Sarah, steh auf

Los geht´s und rette dein Haus.

Brauchst nicht viel dazu:

Denn auch meine Fantasie

ist nur wie Fanta, sie

Wäre gern Cola, doch ihr fehlt das Geheimrezept.

Ich schreib zwar meine Geschichte, aber nie komplett

Und so bin ich auch nicht der Fürst der Dichter

Sondern hier eben nur der Klorohrdichter.

Scheint schade, aber lieber als ne schnicke Fassade

Ist, dass ich den Griffel selbst in der Hand habe

Und solange,

wird mein Leben kein Drama, sondern ne schöne Ballade."

Es fliegt ein kleiner Astronaut

Es fliegt ein kleiner Astronaut

Auf Exorbital 272, 97°, wo grad Mitternacht ist, wenn der Morgen schon graut.

Wo die einsame Dunkelheit in dunkeler Einsamkeit Sternenstaub braut.

Wo man glaubt, am fernsten ist man nur dem Heimatplaneten.

Und während Gasstaub- Kometen ihren Fixstern anbeten

Liegt friedlich, betreten

In der schluckenden Finsternis´ Schwere

Alt und kaputt, von Blau triefend

die Erde

chrhrhrch- beep- chrhchrhc

Hier spricht die Bodenstation

-Herr Astronaut,

die Zeiten sind hart, das Leben ist laut.

Nur ihres war lange genug schon schwerelos.

Los, kehren Sie nun zurück in der Schwerkraft Schoß,

denn die Schwerkraft ist da, um die Menschen am Boden zu halten

damit sie nicht abgehoben irgendwelche Träume verwalten,

sondern mit den Füßen, auf den Tatsachen stehen

jeden Morgen das 9,81 m/s²- Flashdown als tägliche Prüfung beim Aufstehen überstehen

damit sie ihren Kopf lieber hin und her drehen und in den Sand stecken,

als in die Wolken zu sehen und ihn in den Himmel zu strecken.

Und würde mein Job hier nicht an Weltraum-Walkie Talkies hängen

Ich würde ehrlich und offen bekennen,

dass Tatsache ist,

das Astronauten, die braucht man eigentlich überhaupt nicht.

Irgendwelche Leute, die aus dem Weltraum,

aus luftleerem Raum auf unsere Welt schauen.

Und mit `Abstand´, unsere Errungenschaften der Menschheit betrachten,

irgendwann zurückkehren und dann in Talkshows schmachten, so:

>Damals vom Mond,

die Polarkappen, soweit getaut, man sah sie nur noch mit ´nem Mikroskop

Ein Eisbärbaby, das war schon tot,

man konnte ihm nicht mehr helfen

Seine Eisbärmama stand daneben im Tauwasser auf Stelzen

Seht ihr nun, was passiert, wenn die Pole schmelzen?<

Darum an alle Astronauten, haltet endlich eure Fressen!

Ist doch egal, wenn vielleicht bald so groß
wie Hessen

Inselgruppen untergehen

Solange wir hier noch im Trockenen stehen

Everything is alright. Ist nicht so schlimm,
man wird schon sehen."

Es fliegt ein kleiner Astronaut

Fast ganz der Gravitationskraft entraubt.

Fremd- vertraut, weit weg wie verbannt

Ist keine Trabant

kaum als Pünktchen hinterm Horizont im
Sternenmeer erkannt.

Wo man die Schatten der Schwarzen Löcher
mit Nebelscheinwerfern zu durchfluten
versucht.

Wo man besser so tut, als wär man nicht so
allein und verrucht

Wo in allumfassender Stille nicht mal die
Lautlosigkeit groovt

Ist der Astronaut wohl der Erste, der sich zur
Erde dreht und ruft:

„Es wär doch schön, wenn die ganze Welt
ein Spielplatz wär.

Alles sunny und Probleme gäbs nicht mehr.

Wo man auf Wiesen tanzt, gemeinsam große
Sandburgen baut,

Wo man Bäume pflanzt und glücklich in den
Himmel schaut

Wo obwohl alle Türen offen stehen, niemand
was klaut

Und sich keiner voller Sorgen vor der Zukunft
graut.

Es gibt viele, die hoffen,

halten andern Türen offen,

doch wenn dann nur Scheiße reinkommt,
dann sind sie zu sehr betroffen.

Es gibt auch viele, die träumen

Mit Optimismus überschäumen

Und dann doch nicht ihren Plänen alle Wege
frei räumen.

Doch das wär gut, denn mit ´nem kleinen
bisschen Mut

Kann es passieren, dass mit noch so kleinen
Dingen, die man tut

Sich ganze Welten bewegen

Es wurde lange geschwiegen

Und ich, der kleiner Astronaut

Der aus der Ferne auf euch schaut

Sagt, es ist gar nicht so schrecklich, nö, wie
man manchmal glaubt

Doch es ist Zeit, was zu bewegen,

es ist Zeit, dass man sich traut

Zwar wird die Welt nicht untergehen

Den neuen Morgen immer sehen

Ist es doch daran gelegen, dass man
aufsteht

Und dran baut.

Also Klima retten, Frieden stiften

Müll trennen statt Streit, schlichten

Jeder kann so was bewegen

Also steh nicht nur daneben

Nicht, denn an unserer Welt, da bauen auch
du und ich."

Der letzte Ninja

„Dies ist die Geschichte eines Ninja, der seine alte Identität aufgeben musste, zur Verschärfung der Problematik, erzählt von einem Fuchs."

schnief

herb – herber – herbst.

Es riecht nach Herbst

und in der Luft, da liegt so ein Flirren

wie wenn im Sommer, alle Kerle sabbern, weil sich heiße Chicks grillen

aber so romantisch ist es hier nicht, weil es ist ja Herbst, und das Flirren, das kommt vom Starkstrommast

weil ein Ninja mit seiner Bohrmaschine eine Stromleitung durchgebohrt hat.

Nein Mann!

Ich schmeiß mein altes Leben hin, weil ich der letzte Ninja bin

Ich red da nicht drum rum:

Ninja sein ist cool, doch die Zeit dafür ist um.

Wir sind hip und vegan

Jung, fresh und urban

Wer braucht denn da noch Ninja? Wir brauchen nicht mehr warten

Warte mal, bald können wir vor lauter Coolness nicht mehr atmen.

Es ist keine schlechte Zeit, sondern die beste,

weil wir keine andere haben.

Wir sind wie Wellen,

brechen auf, ab, aus, werden weitergetragen.

Wer weiß, was von uns noch bleibt,

und wenn es morgen aus ist, hängt von mir
nur noch ein herrenloses Kleid im großen
Schrank der Zeit,

weil einst ein Glückskeksspruch zu mir
sprach:

„Fasse den Tag, als wär dein Leben heut ne
Tasse und morgen ein Sarg."

Wir sind aus Staub, jeder Schritt staubt, denn
wir peilen auf die Ewigkeit; an unseren
Händen klebt Dreck

Wir laufen immer schneller, laufen weit,
laufen weg

Die Erde dreht sich weiter- Laufbandeffekt

Mission Maximal, geben alles, was wir haben

das ist gut, denn nur der Affe der springt
bekommt die besten Bananen!

Und so steht der Ninja, mit der
Bohrmaschine in der Hand

Bereit, für nochmal Neustart

Denn er hat erkannt, für alles ist die Zeit mal um

Er hängt sich ein „Hoffnung in Zeiten der Hoffnungslosigkeit"- Plakat an die Wand

Und ist bereit für die bürgerliche Umschulung.

Level 1: *tha neighborhood*

Bsssst

„Hi, ich bin der Nachbar deines Nachbarn, also Nachbar 2. Grades. Veith, ich bin Veith", sagt der Nachbar,

„Cool, endlich mal nen echten Taliban nebenan, oder warum haben Sie, so schwarze Klamotten an?"

Ich bin Ninja.

„Nina?"

Ninja.

Ninja, Veith.

„Nina?"

Willst du Streit?

Wo ist deine Bitch, Veith?

Wir machen jetzt nen Bitchfight.

Ich polier dir deine Fresse, bis es deine Zähne schneit.

„Aber das geht nicht. Ninja Nina, sie hat Schluss gemacht.

Ich schenk ihr nie mehr Rosen, sondern Kaktusse

Denn sie ist nicht mein Baby, sondern eine kack Tusse."

Es ist wirklich keine gute Zeit,

aber die beste, weil wir keine andere haben.

Wir sind mitten im Gefecht, und sei es nur, dass uns Nachbarn zulabern

Wer den Neustart wagt, hat seinen Startplatz gesichert

Egal was passiert, eines ist sicher,

dass man sich Welten ebnet, wenn man trotzdem zufrieden ist

und in der Geisterbahn nicht das Lachen vergisst.

Denn

Ich bin zufrieden seit, ich „Zufriedenheit"

Mit blauer Farbe auf die Grenzen meiner Möglichkeiten schreib.

Es ist keine schlechte Zeit, sondern die beste,

weil wir keine andere haben.

Mach erst mal Seepferdchen, du Bademeister!

Beim Schwimmen in der Scheiße ist die erste Regel „Kopf hoch!".

Tiefer als in Gottes Hände fällt man nicht mal beim Sterben.

Wer in den Abgrund stürzt, kann dabei fliegen lernen.

Ich bin Teil des Kompetenzteams „Worst case- Szenario"

Was auch immer kommt- wir batteln das- wie
Level 3 bei Super Mario

Denn du hast Arme, um sie auszustrecken

in der Fata Morgana, die Vision zu
entdecken

Und über Träume, sollte man am besten mit
niemandem sprechen,

denn jedes Wort zu viel kann Illusionen
zerbrechen.

Und ein anderer Glückskeksspruch, sprach
zu mir folgendes Gelaber:

„Wenn dir alle entgegen kommen, bin du
vielleicht der Geisterfahrer."

Besser so!

Erst Kehrtwenden machen Geist erfahrbar

Fahr ohne Hände freihändig

Fick Einwände!

Beim Starten drückt man besser nicht auf die
Bremse.

Denn es ist eine gute Zeit, und die beste,

weil wir keine andere haben.

Früher wolltest du aufstehen

Früher wolltest du aufstehen

Und rausgehen

Und loslaufen

Und dir ein motorisiertes Dreirad kaufen

Deine Gedanken wankten,

schlugen wilde Flanken,

kannten keine Schranken.

du sammeltest Würmer,

warst ein Käferschäfer

und träumtest davon, deine ganzen
Krabbeltiere in Eisblöcke zu vereisen

und mit ihnen in einer Regentonne nach
Amerika zu reisen.

Aber als du größer warst und sahst,

dass das Gartentor, das Ende deiner dir
bekannten Welt, eine Türklinke zum Öffnen
hat,

nahmen sie dich vor, vor dem Tor,

vor deinem Tor zu Welt

und bewiesen dir, dass dir dein krabblig
verregentonnter Amerika- Traum doch nicht
so gefällt

Denn in Wahrheit fürchteten sie sich vor
deinen kindlich- weiten Träumen,

deshalb nahmen sie Ätzmittel und machten
sie zu Schäumen

sie begannen, dich mit allen Mitteln in die
Gesellschaft zu integrieren

und ließen dich als Gehirnstopfen ihre
verkorksten Lehren studieren

bald erlosch dein Fantasie- Feuer,

das Benzin für das motorisierte Dreirad
wurde zu teuer

und die Käfer im Garten brauchten nie
wieder einen Schäfer.

Stattdessen sitzt du da und starrst an die
Wand

Dicke Bücher stehen in deinem Schrank

Und stolz beschreibst du die Route der ersten Kolonisten aus England

Nun ist gebildet dein Verstand,

du bist stolz auf dich und dein Land

und keine Gefahr geht mehr aus deiner Hand

Zwar hättest du jetzt die Möglichkeit, deine Sachen zu packen,

dir eine Regentonne zu schnappen

und dich in Hamburg am Hafen in die Fluten zu werfen

doch darüber kannst du heute nur noch scherzen

nur manchmal nachts wachst du auf und möchtest instinktiv schnellstens raus

aus deiner verkorksten Welt

denn in den letzten Träumen, die dir geblieben sind, zerbricht die Lüge, dass dir hier alles gefällt

doch h a l t !, du kannst deine Träume analysieren

und der Atlantik ist kalt.

so bist du und bleibst gefangen

und ist es früher an deiner naiv- vetrauenden Kindlichkeit gehangen,

kannst du heute dafür deine gesellschaftlich- standarisierte Menschlichkeit belangen

dein Terminkalender kennt keine Sekunde für Lebens- Poesie, für Fantasie

und dein IQ beweist dir immer wieder, dass du doch bist kein Genie

die Hektik tickt in deiner Armbanduhr

und im Vorbeigehen verwischst du deine alte Spur,

weil du ja so sicher weißt, dass das, was du jetzt hast, ist, was dir gefällt

in deiner großen, tollen, und doch so kleinen Welt.

zwar ist es klar

inzwischen warst du in Amerika

sahst Panama, Havanna, China und Lima und Spanien mit Katalanien und auch Australien

dein Reisepass quillt über von Stempeln

in Griechenland besuchtest du tausend antike Tempel

hast tausend tolle Fotos gemacht, dumm gelacht und gedacht,

dass du deine Gedanken nicht brauchst, um glücklich zu sein,

denn wenn dir langweilig wurde gingst du weg und kamst erst nach Ladenschluss deines Gehirns wieder heim.

doch dann irgendwann eines Tages, kamst du, du wilde Maschine, auf deiner alten Lebensschiene ins Stoppen

und selbst kleinste Kieselsteine konnten dich plötzlich blocken

und dann auf einmal sitzt du da, in diesem stillen Haus

und schaust regungslos aus dem Fenster hinaus

auf der Fensterbank steht eine Plastikvase
mit Plastikblumen

und auf einmal fällt es dir schwer, deine
große, tolle Plastikwelt zu ruhmen

und es ist schlimm,

denn es kommt dir in den Sinn,

dass jetzt in deiner kalten Einsamkeit
zumindest deine Fantasie dich hätte noch
erwärmt

hättest du sie nicht früher aus deinem Gehirn
entfernt.

Und dann, dann komme ich und zeige dir,
wie man isst,

weil du das ja immer wieder vergisst

du würdest mir das gerne sagen, das mit der
Fantasie, aber kannst es nicht

ganz schlicht, aufgrund des Fehlens deines
Gebiss

stattdessen sabberst du den Kartoffelbrei auf
mein Kleid

und es tut dir alles so schrecklich leid

und vor dir liegt die Ewigkeit

und du hast trotzdem keine Zeit

und das Einzige, das dir bleibt, ist die morsche Erinnerung an deine fantastische Kinderzeit

für das echte Jetzt ist es zu spät

denn dein Gedanken- Hahn hat ausgekräht

und du solltest wissen: du selbst hast ihn abgedreht…

Shining stars

*

We are shining stars, up in the sky

- Babe, lass mich endlich ran, denn, mann, bin ich so high.

Sag mir, machst du´s für Geld oder muss ich dich bitten?

Kein Problem, denn ich hab soviel Kohle wie der Playboy Titten.

Kauf mir ´ne Yacht im Schampus- See. How much? Das bleibt geheim.

Denn vor der Steuer versteck ich das meiste bei meiner Oma im Sparschwein.

Und wenn du fragst, ob mich der Fame langsam frisst sag ich- ja, nein-

Spuck ich meinen Kaugummi in ´nen 500€ Schein   -b i t c h-

´Caus we´re shining stars, die ganze Welt kennt unsern Namen

Bei Mc Donalds kauf ich alles und ich muss noch nicht mal zahlen

Ich trink nicht 3 Maß Bier auf Ex, sondern 3 Liter Schnaps,

denn beim allerfettsten Major, da sitz ich am besten Platz

rauch selbst beim Kacken noch ´ne Bong, kann schon sein, dass ich bald durchdreh

fahr durchs Naturschutzgebiet der ganzen Tag mit meinem Porsche

´Caus we´re shining stars, up in the sky

Babe, was fürn geiles Leben, kommt mir vor, als wären´s zwei.

* *-zap-*

Alsö, was man einem immer mit auf den Weg geben kann, ist: wenn man in ein Flugzeug kommt und die Stewardess erschießt und den Piloten erschießt und den Copiloten auch erschießt, dann sollte man darauf achten, dass beim Getränkewagen die Bremse gezogen ist, will ansonsten könnte der einen nämlich von hinten überrollen. Hm.

* *-zap-*

Sissi!- Franz!- Sissi!- Franz!

-aus-

Als der Vorhang fällt, sitzt du zurückgebeamt in deiner Welt

Und das Schweigen des Fernsehers

Macht dich dir selber fern, sehr-

Arg brennt das dämmrige Straßenlampenlicht in deinen verquollenen Augen

Fremd, sind dir die Chipskrümel auf deinem Pulli

Dein Kopf, fühlt sich an, wie ein Goldfisch, ertrunken im Gulli

Und du denkst dir: „Wir sind doch alle nicht perfekt,

auch wenn man manchmal seine Hände zu den Sternen streckt,

dann sieht es, wenn man auf dem Sofa sitzt, doch nur so aus, als würde man Fliegen verscheuchen,

und auch, wenn du dich noch so reckst, kannst du dir nicht die Sterne, sondern nur ´ne Coladose greifen.“

Und du weißt nicht, bist du im Hier und Jetzt

Oder jemand, der das nur träumt, während er in der U- Bahn sitzt

Dir fehlt der Fixpunkt, der Bezug zum Moment

Du weißt nicht mehr woher du kommst, wer du bist und wohin du rennst

Und da klingelt es an deiner Tür, da steht ein alter Freund mit einem Blumenstrauß im Arm

seine Stirn, die glitzert, denn draußen ist es warm

und du trittst zur Seite, obwohl du sowieso schon neben dir stehst und sagst: „Was ist denn schon Gegenwart?"

Er sagt: „Hi, ich dachte, ich schau mal vorbei, als ich sowieso schon in der Gegend war."

Und du könntest sagen: „Schön, dass du da bist. Ich hab dich vermisst."

Aber weil du in deinem eigenen Kosmos zwischen so vielen Fixsternen verloren bist, sagst du nur: „Tut mir leid, aber wer weiß das schon, wer da gerade vor dir steht und mit dir spricht.

Und ich kann nicht verstehen, warum von Sissis Küssen aus dem Fernsehen kein bisschen Lippenstift auch an mir kleben geblieben ist.

Kann nicht verstehen, warum es Teil deiner Welt ist, obwohl du überhaupt nicht dabei bist.

Kommt mir vor, dass die Realität nur ein Traum ist,

denn es scheint, dass sie fällt, wenn du nicht mehr daran glaubst und sie fällst."

Und er sagt „hä?" und noch irgendetwas, sicherlich ein dringlicher Apell,

doch

es kommt dir vor, als redest er Holländisch und du sitzt in einem Karussell

du siehst nicht wie betrunken alles doppelt, sondern nur ein halb, viel zu nüchtern

er setzt dich auf die Stufen, zieht aus der
Tasche eine Wunderkerze und zündest sich
ein Licht an

und während sie brennt, da sagst er, was du
denkst, denn

-    „wer weiß denn schon, was wirklich
jetzt die Wirklichkeit ist?

Wenn du am Montagmorgen wieder
schnieke in der Schule sitzt

Und dich erinnerst, wie du am Samstag vor
der Disko erbrichst.

Is wahr, es kommt dir vor, als schwebst du
manchmal zwischen Welten und Zeiten

Es gibt Leute, die kommen und gehen und
solche, die dich begleiten

Manchmal weiß man nicht, wo endet virtual
und wo beginnt Realität

Fühlst dich verloren wie´n Phantom, das nur
kurz da ist und dann geht

In deinem Kopf bist du schon Bonze und
auch Star bei Günter Jauch und so,

doch wenn das Telefon klingelt-, sprichst du mit dem Hartz IV- Büro.

Sind doch auch Träume ein Stück weit Teil der Realität, weil sie trotzdem real sind,

obwohl nichts von ihnen in der Zeitung steht.

Und ganz egal, wohin uns irgendwann unsere Geschichten einmal tragen

Was wirklich jetzt die Wirklichkeit ist,

dass kannst du zwar viele fragen,

aber die Antwort, die kann dir keiner sagen."

Und er gibt dir die Blumen –viel bunter-, stellt sich neben dich und legt dir die Hand auf die Schulter:

„Kann schon sein, dass die Realität nur ein Traum ist, denn sicher ist, dass sie fällt, wenn du sie nicht in den Arm nimmst,

und hältst."

Orpheus und Cindy

Orpheus

beatboxing

Wäre lieber Beatboxer geworden,

wäre er nicht als Dichterheld in einer
griechischen Sage geboren

KALLIOPE UND APOLLON, WARUM HABT
IHR MIR DAS ANGETAN?

Also schrieb er weiter auf seinem Block an
seinen Balladen

„Also eigentlich, habe ich überhaupt keinen
Bock,

aber ich wollte trotzdem mal sagen,

was ich wirklich… fühle

wenn ich… in meiner Küche… Teller spüle

Spüli- Brause- Blubber, … schau ich in die

Denk die ganze Zeit nur an Cindy!"

Cindy, Orpheus´ Muse

Er fand nicht wie bei Aschenputtel ihren
Schuh, se

Sahen sich in der U- Bahn

Fahren Richtung >kein Plan<

Betrunken steigt sie aus in Marzahn.

Orpheus trinkt auch Bier und packt das nicht,
kann nicht mehr aufstehen

Ihr nicht nachgehen

Kann nur noch durch die von Dunkelheit
spiegelnden U- Bahn- Scheiben im faden
Neonlicht ihren pinken Jogginganzug sehen

Aber so gut, kann er sich daran auch nicht
mehr erinnern

Und als würde das die ganze Lage nicht
auch noch verschlimmern,

kotzt er auf seine Schreibkladde

und fängt an zu weinen

am nächsten Morgen will ihm aber auch gar
nichts in Erinnerung bleiben,

nicht mal mehr, wie sie aussieht,

nur der Name: Cindy. Ein Traumkonstrukt.

Und der Wunsch, dass man sich bald
wiedersieht

Orpheus hat engagiert recherchiert

Klick um Klick Google- Seiten inspiziert

Und steht jetzt in Marzahn, vor dem
Arbeitsamt

Cindy ist da drin, dass hat er erkannt

Und er geht jetzt da rein, nimmt sie an die
Hand

Und holt sie da raus.

Vor dem Haus steht sie vor ihm und er vor
ihr, und dann,

schaut er Cindy, die in seinen Träumen
wunderschön singende, springende,
klingende, nur Glamour bringende Muse, das
erste Mal an..

-Klatsch- , klatscht Orpheus gegen die Glasschiebetür, die nicht aufgeht

Vertatscht die Scheibe und als er sich schwindelig umdreht

Klatscht die Pförtnerin Persephone:

„Ja, ne.

Orpheus?

Also, du bist doch Dichter, du musst doch nicht ins Arbeitsamt

Schreib lieber an deinen Gedichten

Verkauf ´nen neuen Band,

sei ein Minnesänger

und häng dir geschmolzene Mädchenherzen an die Wand."

Aber Orpheus kann seinen Grund nicht sagen, denn dass mit Cindy ist ´ne geheime Mission

Versucht stattdessen Persephone zu betören, fängt an zu dichten schon:

„Persephone, … ich schenk dir… Klee.

So schön bist du,… dein Angesicht.

Mach jetzt bitte… die Tür auf für mich."

„Oh mein Gott ist das Scheiße.", sagt die Pförtnerin:

„Hör her: In deinem Kopf ist wohl was lose, du Dichter.

Dichte keine Reime bloß, denn die sind so scheußlich, dass selbst Mario Barth, der erbricht da.

Und wenn du heute noch Arbeit hast, dann solltest du dich freuen,

aber spätestens nach deinem neuen Gedichteband gehörst du auch ins Arbeitsamt hier rein."

Und deshalb macht sie die Tür auf für Orpheus

Der rennt los, kickt zur Seite die Ghettochecker- Boys,

die in Ghettoblaster- Mukke- Voice

low- riding- Baggyjeans tragend

hinter ihren brennenden Mülltonnen vor
lauter Coolness nur >oho< über die HartzIV
Satz- Erhöhung sagen

Und jetzt sieht Orpheus endlich Cindys
pinken Jogginganzug

Macht die Augen zu, springt wie im Flug

Packt sie einfach an der Kapuze und schleift
sie hinter sich raus

Dann stehen sie wie geplant vor dem Haus,

Orpheus noch die Augen zu, Cindy steht erst
mal wieder auf

„Also dit war nu ja mal nich die feine Art, wa."

Dann macht Orpheus die Augen auf,

-

und als Cindy da so ganz anders als in
seinen Träumen vor ihm steht,

weiß man, warum auch nicht jede antike
Lovestory glücklich ausgeht.

Küchenguerilla

Tik- tak- tik- tak

Morgens um halb sechs

Die Tür springt auf *quietsch*

Ein Bio- Ei . . rollt raus- tik- tak- tik- tak

3- 2- 1- letzter Blick zurück- ein Schub

und Flug!

Und in einer vagen Triumphparade

Parabelförmig vorbei an der
Frischkostablage

Und der grimmigen Gemüseschublade

Und dann die Landung aus dem Fluge,
perfekt auf der Küchenfliesenfuge

Psst! Alles still?

Puh! Dann die Kühlschranktür wieder zu

Und leise, ganz leise den Antritt der Reise
zur Kühlschranksteckdose,

denn wenn der Stecker erst ist mal lose,

dauert es nicht mehr lange,

bis den Konvis da drin im Kühlschrank wird
noch Bange

aufgrund des Temperaturanstiegs,

weil es stimmt, dass es daran liegt,

dass sie in den Gewächshäusern nur eine
feste Temperatur gewöhnt sind.

nicht so wie wir,

wir von der Bio- Fraktion,

unser Alltag, der war noch nie monoton

weil jeder von uns schon

von Kindheit an tapfer ums Überleben
kämpfte

wenn der Biobauer uns auf den Biofeldern
mit Biodünger eindämpfte.

nicht so wie diese da, die Konvis

wer weiß, ob einer von denen überhaupt ein
einziges Mal den sicheren Hafen der
Lebensmittelfabrik ins wahre Leben verließ

aber jetzt wird ja alles besser

jetzt bin ich ja gleich an der
Kühlschranksteckdose

und wenn der Stecker erst ist einmal lose…

„Waah!", sagte da plötzlich die fette
Genaprikose aus der Konservendose

„Oh mein Gott! Die fette Genaprikose aus
der Konservendose", sagte das Bio- Ei, „was
machst du denn hier?"

„Wir warten hier, um dir…"

„Entschuldigung, wer sind denn bitte >wir<?"

Und hinter der Platte

der Konservendose der fetten Genaprikose
wälzte sich der israelische Kampf- Apfel
hervor, der sein Etikett von PINK LADY, zu
STIRB BABY, umgeschrieben hatte

„Ja, hallo!", sagte das Bio- Ei und dachte sich
noch so dabei, ob jetzt nicht doch schon der
Zeitpunkt gekommen sei,

als Spitzenkandidat der Bio- Fraktions-
Rebellion zurückzutreten,

denn irgendwie sei es doch einerlei…

„Pass auf! Jetzt kannst du gleich nur noch beten!", die Konvis machten Ernst

„Piep!" sagte das Bio- Ei und wusste, dass ihm nicht mehr viel Zeit blieb

Und irgendwie wäre ihm jetzt alles lieb, nur nicht dieser Netto- Ghetto- Fight

Und es schrie aus seinem eigelb- gelben Herzen hinaus alle Todesangst- Schmerzen:

„HILFE! DIE KONVIS KOMMEN!"

Und plötzlich prasselten tausend Tassen von Fairtrade- Kaffebohnen

Neben ihnen auf den Boden

Und es erhoben sich ungelogen

Zwei krustenharte mit Körnern bewaffnete Dinkelbrötchen vom Brotkorb- Boden

Und flogen im hohen Bogen,

um das Bio- Ei aus der Blutpumpe zu holen.

und man muss an dieser Station schon

die GSG- Bio ganz besonders loben,

denn dank ihr stand es 2:0 für die Bio-Fraktion

Die Extrafett- Milch, die immer ein bisschen langsam war, roch jetzt auch den Krieg

Entschied über ihre Mission und schrie:

„ALARM! DIE KONVENTIONELLE GREIFEN AN!"

Und das letzte, was man sieht, ist,

wie die fleischige 3,8%- Milch- Glasflasche von der Küchenablage versehentlich auf das Bio- Ei fliegt

CRRRRRRRRRRRRRRR!

„Oh wenn die doch nur ein Tetra- Pak gewesen wäre!", ist das Einzige, das der fetten Genaprikose aus der Konservendose dazu nur einfällt

-beidseitiges Entsetzten-

uiuiUIIIUIIIIIIIIIIIIIIIIIUUUUUUUUUUUIIIIIIIIIIIIIIIIIIIIIIIIIII! *tatü- tata*

„Entschuldigung, entschuldigung, mal bidde zur Seite, Notfall, Entsch…"

Denn hinter der Lebensmittelmenge verbirgt sich ein Anblick,

bei dem selbst der fachmännische Teflon- Krankenpfannen- Sanitäter erschrickt

doch trotzdem behält er seine Professionalität und sammelt die Kadaverreste des einstigen Spitzenkandidaten der Bio- Fraktions- Rebellion auf,

so gut es eben geht

auch der Konvi- Birnen- Prinz „Williams Christ" eilt her

und es fällt ihm schwer,

als er seine heimlich Liebe PINK LADY,

deren Etikettenkampfspruch vor lauter Fruchtblut wieder abgewaschen wurde,

dort so fruchtsalat- zerstückelt liegen sieht in der letzten Lebenskurve

und es half auch nichts mehr, dass er „STIRB NICHT, BABY!" schrie also ging er vor ihr in die Knie

und legte ihre Reste in einen gläsernen
Schüssel- Sarg

7 kleine Fairtrade- Kaffebohnen rührte das
so arg,

dass sie heiß anfingen Kaffee zu weinen

und den Konvi- Prinz mit seiner PINK LADY
noch den letzten Weg zum Küchentisch
begleiteten.

Auch für das Bio- Ei war das der letzte Tag

und als der Teflon- Sanitäter mit dieser
traurigen Nachricht kam

und das Ei dort tot- steif- gelb- weiß in der
Pfanne lag

warf sich ein Dinkelbrötchen auf es, das es
vor oppositionellen Paparazzi verbarg

und auch dieses trugen sie gemeinsam in
einem extra flachen Porzellan- Sarg

seinen letzten Weg zum Küchentisch- Grab.

Und ich als ich morgens runter kann,

sah ich nur noch, dass das Frühstück
irgendwie wohl schon fertig war

Komisch-

Prinz Pi

>Tief im öden Matheland,

Graf f von x bekannt

Hält Zahlen nicht für relevant.

Drum sind Asymptoten auch verboten im öden Matheland.

Tief im öden Matheland.<

„Herr Graf, es tut mir Leid. Waren ihre Prognosen früher energetisch breit wie ´ne Dose Red Bull,

zeigt ihre Lebens- Asymptote heute zeigt schwache Symptome. Die Parabel geht gegen Null."

Graf f von x, der glaubte das nicht, kuckte nur blöd und verzog das Gesicht:

„Was wissen Sie denn schon, wie lange meine Lebens- Funktion noch funktioniert?!

Die einzige Formel, die mich interessiert, ist die Formel 1

Und weil mir, dem Grafen, sowieso nie was Schlimmes passiert,

ist auch noch in 100 Jahren Sonntagnachmittag der Fernseher meins.",

sagte der Graf.

Es war die Zeit, die an ihm nagt

Der alte Graf lag bald im Sarg

Sein Sohn, Prinz Pi, den Thron antrat

„- ähem, also ja, eigentlich- von Mathe hab ich keinen Schimmer

Ich steh mehr auf Glitzerglimmer

Ich mach Party Tag und Nacht,

bis mein Trommelfell zerplatzt

Geil find ich auch mein King Size- Bett

Doch Mathe? Alder, dis is nich so fett."

Vom Tod des Alten erfuhr auch sein Bruder

Er hörte von Prinz Pi, seinem Sohn, einem schrecklichen Luder

Ergriff seine Chance, kehrte heim und stand
im Schloss plötzlich so:

„Hey, du da.

Ich geb mich dir zu erkennen, du kannst
mich deinen netten Onkel nennen.

Bin nach langen Jahren nun der Heimkehrer,

denn weil ich in Mathe immer nur ´ne glatte
vier hatte,- zog ich aus und wurde
Mathelehrer.

Doch nun bin ich zurück, und doof für dich,
mir gehört der Thron,

denn im Gegensatz zu dir, Prinz Pi, des
Grafen Sohn, bin ich noch einer aus der
alten Generation.“

„Ja, ok“, sagte Prinz Pi, „dann bist du halt
jetzt der König hier.

Nur eins: der Partykeller, der bleibt trotzdem
mir.“

Doch seine Mutter Konstante,

belauschte das Gespräch und fand das
allerhand

„Bist du im Kopf ein bisschen krank?

Nein, mein Lieber, du als König? Vielen Dank.

Pack deinen Kram und verschwinde aus dem Mathe- Land, denn Mathelehrer sind hier so geschätzt wie im Finanzzentrum ein Banker von der Parkbank."

„Hhhu, Konstanze.", der Schwager, er wankte, denn auch er kannte Konstante von damals,

vor vielen Jahren, als

Graf f von x, sein Bruder, seine Liebe zu ihr vor ihm mit einem Strauß rosenroter Regressionsgeraden bekannte, ihre Hand und sie als Gemahlin erlangte

Doch in ihm, da brannte für sie heimlich auch die Liebe

„Aber heute", schluchzte er, „da ist in mir nur so ein Zorn, gefühllos wie ein Rechenschiebergetriebe.

In meinem Herzen steckt von dir ein Dorn,

da bluten seit Jahren

monoton fallend, rote Parabeln.

Und weil Parabeln so krumm sind, habe ich immer, wenn ich esse, auf meinem Teller ´ne rote Suppe,

auch leide ich wegen des Blutverlusts schon lange an Burnout und Eisenmangel, du blöde Nutte!"

Und in diesem Moment betritt den Raum eine weitere Frau

ihre Haare wie Cosinus- Funktionen, wellig und grau

schon sehr alt, dem Unendlichen nah

und jeder sah, dass es Skalar, die alte Dienerin aus Indien, war.

Auch der Mathelehrer, der kapierte, dass man ihm seinen Plan blockierte

Und weil Skalar, neben Konstante, noch eine war, die in der Welt der Mathe den Durchblick hatte,

er sich nicht lang zierte, sondern weiter rebellierte:

„Prinz Pi, der Sohn, der ist ja noch nicht mal im kleinen Ein- mal- Eins ohne seinen Taschenrechner autonom

Bringt doch nur Unheil auf den Thron,

Aber ich werde die Mathewelt jetzt retten, meine Damen, mit der nackten Wahrheit und den nackten Zahlen.

Doch mein Ziel, das kommt nur ohne euch zu tragen.

Werde ohne lange zu zagen oder genieren,

euch beide nun einfach ausradizieren.

Nur wen zuerst? Konstante, du Nutte, oder die Inderin? Dich oder dich?

Und ich nehme die Inderin, denn in der Mathewelt gilt Punkt vor Strich.“

Und der Mathelehrer kramte aus seiner Tasche einen Zirkel und wollte die Dienerin damit erstechen

Doch weil der Zirkel so billig war, konnte sie ihn sogar mit einem stumpfen Winkel auseinanderbrechen

Mit ruhiger Hand, und sie hob nur die Spitze,
zeichnete sie ein Pythagoreisches Trippel,
auf das Herz des bald Toten

Und stach da in die Mitte, mitten in seines
Herzens Sinusknoten

Prinz Pi fand das super:

„Yo, krass, ganz schön gangsta.

So´n richtiger Fight mit dem Mathebro.

Bam, da

Liegt-er.

Und der träumt von nackter Wahrheit und
nackten Zahlen?

Das is ja mal so spießig wie auf
Blümchentapete Blumentöpfe malen.

Alder, noch so´n Opfer wie Justin Bieber

Da ist mir meine Generation Porno dann
doch schon lieber.“

Und so lebten sie noch lange,

und seitdem ich das weiß, hab ich in Mathe
nie mehr Bange,

weil ja selbst dem König, Prinz Pi, der Mathewelt

auch alles mit Zahlen überhaupt gar nicht so gefällt.

Montagmorgens in der Straßenbahn

Montagmorgens in der Straßenbahn

Müde Gesichter, die zum Alltag fahren

Trostlos- planlos mit Sekundentaktplan

Montagmorgens in der Straßenbahn

Zum Alltag

Zähle ich schon die Minuten bis Freitag

Gegen meinen täglichen Jedentag- Tag aus

Aufstehen

Klo gehen, losgehen, Schlüssel suchen,
Bus warten, einsteigen, stehen bleiben,
aussteigen, weiter eilen, ankommen,
hinsetzen, langweilen, Zeit vertreiben,
aufstehen, heim gehen, Briefe leeren,
Nachbarn grüßen, Welt beschweren,
Haustür schließen, Nudeln kochen,

Computer anschalten

Computer aufhängen

Computer anschreien

Computer ausschalten

Nudeln aufm´ Herd vergessen, braun
verkohlte Nudeln essen, vorm´ Spiegel
stehen, Klo gehen, schlafen, aufstehen,
Klo gehen, duschen, Schlüssel suchen,
Bus warten, einsteigen

>Notbremse ziehen…

Denn ich möchte aussteigen aus dem Takt
des Alltags

Aussteigen, bevor ich vor lauter Hektik und
Panik den Stillstand nicht wahrnehme

Bevor ich nur noch zur Rationalisierung
meiner To- do- Liste Gas gebe

Aussteigen, bevor ich nur noch kleppernd
und klackernd an meinem Computer mit dem
schnellsten aller W- LAN Router

Statistiken teste

Ergebniszahlen berechne

Studien sortiere

Termine koordiniere

Und über work- life- Balance philosophiere

Aussteigen, bevor das Einzige, das sich bei mir von Tag zu Tag ändert, die Farbe meiner Socken ist

Und „jetzt neue Sockenkollektion kaufen" mein meist gegoogeltster Suchbegriff

Aussteigen, bevor ich nur noch renne und renne und irgendwann erkenne, dass ich eigentlich auf einem Laufband stehe und auch wenn ich 1000 Schritte gehe, nie an mein Ziel komme

Aussteigen, bevor mein Alltagsmonotonie-Film mich mit einem Eintönigkeitsfilm überzogen hat und ich im Kino meiner Zeit nur noch eine Nebenrolle spiele

Aussteigen, bevor ich als Hobby nur noch Minuten bis Freitag zähle,

bevor ich mich als ich noch total verliere

Aussteigen, bevor ich nicht begreife, dass die öde Landschaft da draußen jenseits meines flimmernden Computerbildschirms, an der ich am Fensterplatz im Hochgeschwindigkeitszug mit Kaffeebecher und Terminplaner vorbeifahre,

die Landschaft meines Lebens ist

Denn so kann das nicht weitergehen.

Für allemal aussteigen, denn ich möchte
Dinge tun, die Geschichte schreiben

Mir für immer in Erinnerung bleiben

Meine stumpfe Geistesschere wieder
schärfen und damit neue Gedankenmuster
ausschneiden

Ich möchte auch noch um fünf vor acht
absichtlich den Bus verpassen,

mich kopfüber mit den Beinen an einen
Baum hängen, um mich dann kopfüber in
eine riesige Sahnetorte fallen zu lassen

Ich möchte CDs hören, die wie ein Remix
von Samy Deluxe, Beethoven und Heino
klingen

Und im Sommer mal spontan voll angezogen
mit einer „Herta BSC"- Fahne in der Hand
den Abstieg simulierend in den Wannsee
springen

Ich möchte mein Zimmer mit pinker
Einhorntapete zukleistern,

um einen Tag später wieder alles runter zu reißen

und neu weiß anzustreichen

Ich möchte meine Oma anrufen und ihr erklären,

ich würde nächste Woche kommen, ihr alles erzählen

und wenn meine Oma dann fragt, warum ich solche Sachen sag

und überhaupt plane zu kommen,

immerhin hätte ich mich dazu doch so viele Jahre lang nicht besonnen,

möchte ich sagen, dass sie nicht fragen soll- warum.

Ich möchte im Supermarkt meinen Einkaufszettel wegwerfen,

die Verkäuferin zehnmal nach dem Erdnussbutter- Regal fragend nerven

und dann mit dem Einkaufswagen ein Skater- Hindernisparcour- Rennen um die bunten Regale machen, lachend in die Wursttheke krachen

und dann sagen: „Ich hätte gerne
Caprisonne."

Ich möchte in Capri die Sonne an eine lange
Leine legen

Und von da an immer mit mir mit nehmen

Damit im Juli in Deutschland auch Sommer
ist und ich, ohne zugeregnetes Gesicht, dann
Wasserflohkulturen für WWF in meinem
Gartenteich auszählen kann

Ich möchte barfuß, bis meine Füße ganz
verfroren sind, durch den Schnee laufen

Mir eine Tüte Gummibärchen mit extra viel
Vitamin C kaufen

Und dann zuhause meine blauen Fußsohlen
solange gegen die heißen Ofenbohlen
drücken

Bis sie vor Entzücken fast wie
Glühwürmchen glühen

Ich möchte mir einen Schlafsack nehmen
und mich nachts auf meinen Balkon legen

Und während ich zusehe, wie sich langsam die Sterne an mir vorbeibewegen,

möchte ich sagen können, dass sie es sind und nicht ich, die sich drehen

ich möchte sagen können, dass ich seit Tagen nicht mehr an meine Sockenfarbe gedacht habe

und ich wage die Erkenntnis,

heute selbst gelebt zu haben und nicht wieder Fachfrau dafür geworden zu sein, wie es ist, vom Alltag gelebt zu werden

Denn bevor das Einzige, dass sich von Tag zu Tag in meinem Alltag ändert, die Farbe meiner Socken ist

Und bevor mein Innerstes vor lauter Monotonie die wirklich bunte Farbpalette der Möglichkeiten vergisst

Sollte ich lieber aussteigen

Einen Moment stehen bleiben, den Sternenhimmel beschreiben und mir neue Gedankenmuster ausschneiden

Am besten noch heute Abend

Ich ruf gleich mal meine Oma an.